BEI GRIN MACHT SICH IHR WISSEN BEZAHLT

- Wir veröffentlichen Ihre Hausarbeit,
  Bachelor- und Masterarbeit

- Ihr eigenes eBook und Buch -
  weltweit in allen wichtigen Shops

- Verdienen Sie an jedem Verkauf

Jetzt bei www.GRIN.com hochladen
und kostenlos publizieren

Raphael Schlosser

Auswirkungen der "Abwrackprämie" auf die Umsatzzahlen der Automobilindustrie

GRIN Verlag

Bibliografische Information der Deutschen Nationalbibliothek:

Die Deutsche Bibliothek verzeichnet diese Publikation in der Deutschen National-
bibliografie; detaillierte bibliografische Daten sind im Internet über http://dnb.d-
nb.de/ abrufbar.

Impressum:

Copyright © 2012 GRIN Verlag GmbH
Druck und Bindung: Books on Demand GmbH, Norderstedt Germany
ISBN: 978-3-656-51051-2

Dieses Buch bei GRIN:

http://www.grin.com/de/e-book/262206/auswirkungen-der-abwrackpraemie-auf-
die-umsatzzahlen-der-automobilindustrie

Justus-Liebig-Universität Gießen

Fachbereich 03 Sozial- und Kulturwissenschaften

Institut für Politikwissenschaft

Seminar: Wirtschaftspolitik im föderalen System der BRD

WS 2011/2012

Auswirkungen der „Abwrackprämie" auf die Umsatzzahlen der Automobilindustrie

Seminararbeit vorgelegt von:
Raphael Schlosser

Datum 15.03.2012

Inhaltsverzeichnis

1. Einleitung 3

2. Entwicklung der Wirtschaftskrise 2008 in Bezug auf die Automobilindustrie 4

2.1. Rückgang der Verkaufszahlen der Automobilindustrie 4

2.2 Ursachen des Rückganges der Verkaufszahlen der Autoindustrie 5

3. Grundlagen der „Abwrackprämie" 7

3.1. Entstehung der „Abwrackprämie" 7

3.2. Inhalte der „Abwrackprämie" 7

4. Auswirkungen der „Abwrackprämie" auf die Umsatzzahlen der Automobilindustrie
und auf den Umwelteffekt der Prämie 9

4.1. Kurzzeitfolgen der „Abwrackprämie" auf die Umsatzzahlen der Automobilindustrie
und auf den Umwelteffekt der Prämie 9

4.2. Langzeitfolgen der Abwrackprämie auf die Umsatzzahlen der Automobilindustrie
und auf den Umwelteffekt der Prämie 11

5. Fazit 12

Literaturverzeichnis 13

1. Einleitung

Seitdem im September 2008 sich die wirtschaftliche Lage verschlechterte, versuchte die Regierung eine Lösung zu finden. Mit der Hilfe von Konjunkturpaketen sollte der wirtschaftliche Abschwung oder gar eine Rezession gebremst bzw. verhindert waren. Die deutsche Automobilindustrie hatte es zu dieser Zeit nicht leicht, sie hatte mit schrumpfenden Absatzzahlen zu kämpfen und auch der Export ging zurück. Gleichzeitig ist sie in Deutschland eine der führenden Branchen und einer der größten Arbeitgeber in Deutschland.

Im Jahr 2009 sollte mit Hilfe der „Abwrackprämie"[1], im Rahmen des Konjunkturpaket II, der Rückgang der Verkaufszahlen der Automobilindustrie gebremst werden und eine Verringerung der Schadstoffwerte sollte durch eine entsprechend finanzielle Unterstützung angeregt werden.

Diese Arbeit soll über die Entstehung der „Abwrackprämie" sowie über dessen Inhalte und Auswirkungen berichten. Das Hauptaugenmerk ist jedoch auf die Auswirkungen festgelegt, insbesondere die lang- und kurzfristigen Folgen.

Anhand von Statistiken, die in Verbindung mit der Autoindustrie stehen und eine besondere Betrachtung von verschiedenen Indikatoren soll versucht werden zu untersuchen, ob die Prämie eine erfolgreiche Maßnahme gegen den schrumpfenden Absatz der Automobilindustrie war.

Für die Suche nach Informationen habe ich unter anderem das Kraftfahrtbundesamt kontaktiert und mir spezielle Grafiken empfehlen lassen, des weiteren habe ich das Statistische Bundesamt angeschrieben um detaillierte und korrekte Materialien zu der Abwrackprämie zu sammeln.

Im letzten Teil der Arbeit werde ich auch nochmal auf die erzwungenen bzw. bewirkten Umwelteffekte eingehen und wodurch sich die Folgen der Abwrackprämie besonders vom Aspekt der Umwelt erkenntlich zeigen.

---

[1] http://www.gfds.de/presse/pressemitteilungen/181209-wort-des-jahres-2009/

2. Entwicklung der Wirtschaftskrise 2008 in Bezug auf die Automobilindustrie

Die Wirtschaftskrise 2008, die sich 2007 aus der Finanz- und Immobilienkrise in den USA heraus entwickelte, erreichte auch Deutschland. Die Bundesregierung verabschiedete verschiedene Konjunkturpakete, die unter anderem auch den Automobilmarkt wieder zu einer Steigerung der Absatzzahlen verhelfen sollte. [2]

2.1. Rückgang der Verkaufszahlen der Automobilindustrie

Neuzulassungen von Kraftfahrzeugen und Kraftfahrzeuganhängern in den Jahren 1955 bis 2011 nach Fahrzeugklassen

Jahr	Kraft-räder	Personen-kraftwagen	Kraft-omni-busse	Lastkraft-wagen	Zugma-schinen insgesamt	Darunter Sattelzug-maschinen	Sonstige Kfz	Kraft-fahrzeuge insgesamt	An-hänger
1955	232.224	423.861	3.155	68.820	98.201	.	5.227	831.488	26.614
1960	49.481	969.739	3.892	94.474	91.413	2.438	2.896	1.211.895	33.526
1965	6.004	1.517.564	3.505	117.046	88.077	3.716	6.925	1.739.121	49.469
1970	8.892	2.107.123	5.219	146.037	72.501	6.437	6.976	2.346.748	78.683
1975	75.821	2.106.048	5.339	90.605	69.202	5.031	8.843	2.355.858	89.973
1980	141.929	2.426.187	6.508	143.749	53.376	7.899	18.933	2.790.682	137.462
1985	122.343	2.379.261	4.046	106.830	41.534	6.764	16.946	2.670.960	118.887
1990	111.208	3.040.783	4.565	157.782	41.690	11.670	30.504	3.386.532	158.663
1995	217.791	3.314.061	5.352	212.200	42.383	15.903	28.324	3.820.111	218.719
2000	253.138	3.378.343	6.243	246.797	53.859	27.895	33.882	3.972.262	254.836
2002	208.252	3.252.898	5.737	207.788	49.400	23.751	33.291	3.757.366	214.904
2003	207.420	3.236.938	5.669	202.417	49.342	25.630	31.029	3.732.815	220.535
2004	198.683	3.266.826	5.398	215.023	56.403	30.682	32.298	3.774.631	240.304
2005	189.264	3.342.122	5.426	222.933	60.711	32.460	11.957	3.832.413	235.990
2006	184.617	3.467.961	5.710	249.497	69.651	35.689	13.537	3.990.973	270.029
2007	187.284	3.148.163	5.471	274.747	74.303	39.782	14.116	3.704.084	265.516
2008	187.420	3.090.040	5.886	275.050	76.745	39.024	15.039	3.650.180	260.241
2009	155.058	3.807.175	5.612	204.171	56.471	20.003	12.398	4.240.885	226.243
2010	138.878	2.916.260	5.219	236.388	64.869	27.937	12.613	3.374.227	239.128
2011	141.465	3.173.634	5.042	280.088	83.033	35.664	14.028	3.697.290	258.744

◻ Zeichenerklärung

◻ ⟫ Methodische Erläuterungen und Begriffsbestimmungen zu Statistiken über Fahrzeugzulassungen, Stand: Januar 2012 (pdf 289-KB)

⌃ nach oben

Abruf der Tabelle: 08.03.2012

---

[2] BPB – Arbeitsmarktpolitische Reaktionen auf die Banken- und Finanzkrise

Anhand der Graphik des Kraftfahrt-Bundesamtes lässt sich ein Rückgang der Neuzulassungen von PKWs ab dem Jahr 2007 beobachten. Dort ist ein Rückgang von 319.798 Zulassungen innerhalb eines Jahres (2006 – 2007) zu verzeichnen. Ab 2007 schrumpfen die Zahlen weiter auf 3.090.040 Neuzulassungen.

Der starke Anstieg im Jahr 2009 ist der „Abwrackprämie" zu verdanken, im Jahr 2010 ist allerdings ein starker Rückgang zu beobachten, welcher vermutlich mit der „Abwrackprämie" zusammen hängen könnte, da der Automobilmarkt bzw. die Nachfrage nach Fahrzeugen vermutlich gesättigt sein müsste.[3]

Die deutschen Automobilhersteller konnten im Jahr 2008 ihren Weltmarktanteil ausbauen, auf über 17 Prozent , trotz Einbruchs der Weltproduktion um 4 Prozent. Im September 2008 schlug die Krise dann auch auf die deutsche Automobilproduktion durch, die Pkw-Weltproduktion der deutschen Hersteller brach um 17 Prozent ein.[4] Diese Angaben bezüglich der Weltproduktion sind überaus wichtig, da die deutsche Automobilindustrie viel exportiert. Von 4 in Deutschland hergestellten Pkw werden 3 exportiert.[5]

2.2 Ursachen des Rückganges der Verkaufszahlen der Autoindustrie

Ein weiterer Grund für den Rückgang der Neuzulassungen sind die gestiegenen Preise für Kraftstoffe. Seit 2002 sind die Durchschnittspreise für Super und Diesel stetig gestiegen, in den letzten Jahren von 2010 bis 2011 sogar um 12,2 bzw. 19,7 Cent. Diese Preiserhöhung lässt sich vor allem mit den gestiegenen Rohölpreisen auf dem Weltmarkt begründen. Die gestiegene Nachfrage aus den Entwicklungsländern führt zu einem knappen Angebot, bei gestiegener Nachfrage, hieraus ergibt sich ein höherer Rohölpreis, der auch auf den Treibstoff Auswirkungen hat.[6]

Ein weiterer interessanter Preisindex für Kraftfahrer ist der so genannte „Kraftfahrer-Preisindex" dieser berechnet steigende Preise rund um das Auto durch Sprit und Nebenkosten. Hier werden neben den Kosten für Unterhalt und die Preise von Dienstleistung und Waren im Zusammenhang mit dem Betrieb von Privatfahrzeugen auch die Kaufpreise

---

[3] Kraftfahrtbundesamt – Neuzulassungen Statistik 1955 - 2011
[4] VDA Jahresbericht 2009 S. 53
[5] VDA Jahresbericht 2009 S.54
[6] ADAC Kraftstoff- Durchschnittspreise Stand 2011

von KFZ sowie die Kraftstoffe berechnet. In den letzten Jahren ist dieser „Kraftfahrer-Preisindex" hauptsächlich auf Grund der Kraftstoffpreise gestiegen.[7]

Die bisherigen genannten Informationen bezogen sich überwiegend auf den deutschen Markt, der im Jahr 2007 nur noch ein schwaches Wachstum verzeichnen konnte. Besonders aufstrebende Märkte in Brasilien, Russland, China und Indien verhinderten einen starken Umsatzeinbruch.[8]

Ein schon länger existierender Grund, der mit der „Abwrackprämie" erst vielen bewusst wurde, ist das Durchschnittsalter der zugelassenen Pkw. In Deutschland lag es im Jahr 1989 nur bei 6,2 Jahren , im Jahr 1999 bei 6,8 Jahren und im Jahr 2009 bei 8,2 Jahren. Daraus erschliesst sich eine längere Nutzungsdauer von PKWs, die Fahrzeuge sind langlebiger und werden von den Fahrzeughaltern länger gefahren. Somit sind nicht regelmäßig Neuwagenkäufe notwendig.[9]

Doch das bleiben nicht die einzigen Gründe, die es zu überwinden gilt

Die Automobilindustrie sieht sich heutzutage vor vielen Herausforderungen, die es gilt zu lösen. Aspekte wie „Kostendruck" , „Steigende Komfort- und Sicherheitsanforderungen", „Strukturelle Überkapazitäten" , „Klimawandel" , „Kreditkklemme" , „Nachhaltigkeit" gilt es zu überwinden.

Die größte Herausforderung 2009 ist laut VDA, die Situation in der man sich befand, nämlich die „ Größte technologische Zeitenwende im Schatten der stärksten Rezession seit Beginn des Automobilbaus" zu meistern. Dies sollte durch die Politik, in Form eines handlungsfähigen Rahmens zu schaffen und durch die Unternehmen, die auf „langfristige Erfolgsfaktoren" insbesondere „Innovation" setzen sollen.

---

[7] Statistisches Bundesamt, Preise auf einem Blick, 2011
[8] VDA Jahresbericht 2008 S. 47
[9] BMU Abwrackprämie und Umwelt – eine erste Bilanz 31.08.2009 S. 2

3. Grundlagen der „Abwrackprämie"

Im Herbst 2008 sprach sich der Verband der Automobilindustrie für eine rasche Umsetzung der Kfz-Steuerreform aus, diese sollte die verunsicherten Verbraucher zu einem Kauf eines Neufahrzeugs ermutigen.[10] Im Januar 2009 wurde diese Kfz-Steuerform durch die „Umweltprämie" ergänzt.

3.1. Entstehung der „Abwrackprämie"

Die damalige wirtschaftliche Situation forderte die deutsche Regierung zu entsprechendem Handeln auf. Die vom Verband der deutschen Automobilbranche Die „Abwrackprämie" war Teil des Konjunkturpaketes II, welches auch „Pakt für Beschäftigung und Stabilität" genannt wurde.[11] Das zweite Konjunkturpaket soll 50 Mrd. Euro gekostet haben, darin ist die „Richtlinie zur Absatzförderung von Personenkraftwagen" inbegriffen.[12] Die Absatzförderung und Ankurbelung der Abwrackprämie sollte eigentlich nur ein positiver Nebeneffekt sein eigentlich sollte erzielt werden, dass weniger Luftschadstoffe ausgestoßen werden und die Pkw weniger Kraftstoff verbrauchen.

Die Automobilindustrie gilt als der „wichtigste Wirtschaftszweig in Deutschland" mit einem Umsatz von fast 290 Mrd. trägt sie 20 Prozent zu dem Gesamtumsatz der deutschen Industrie bei. Besonders von Bedeutung ist der Exporthandel mit in Deutschland gebauten Autos. In Deutschland hängen 5,3 Mio. Arbeitsplätze direkt oder indirekt mit dem Auto zusammen.[13]

3.2. Inhalte der „Abwrackprämie"

Folgendes Förderziel soll die „Abwrackprämie", laut Richtlinie zur Förderung des Absatzes von Personenkraftwagen erreichen: „Die Bundesregierung hat sich zum Ziel gesetzt, mit Hilfe einer Umweltprämie die Verschrottung alter und den Absatz neuer Personenkraftwagen zu fördern. Dadurch werden alte Personenkraftwagen mit hohen Emissionen an klassischen Schadstoffen durch neue, effizientere und sauberere Fahrzeuge ersetzt. Damit wird ein

---

10 VDA – Jahresbericht 2009 S.9
11 BPB – Arbeitsmarkpolitische Reaktionen auf die Banken- und Finanzkrise
12 BPB – Arbeitsmarktpolitische Reaktionen auf die Banken- und Finanzkrise
13 VDA – Jahresbericht 2009 S. 12

7

Beitrag zur Reduzierung der Schadstoffbelastung der Luft geleistet bei gleichzeitiger Stärkung der Nachfrage"[14]

Für das Altfahrzeug gelten folgende Regeln: Es muss sich um einen Personenkraftwagen (PKW)[15] handeln, das Altfahrzeug muss ordnungsgemäß entsorgt bzw. verwertet werden , der Zeitpunkt des „Abwrackens" sollte zwischen dem 14.01.2009 und 30.06.2010 erfolgen, das Datum der Überlassung des Fahrzeugs gilt hier als Verwertungsnachweis für den Zeitpunkt der Verschrottung, die Erstzulassung, des zu demontierenden Fahrzeugs, muss mind. 9 Jahre vor Zeitpunkt der Verschrottung liegen, das Altfahrzeug muss mindestens ein Jahr auf den Antragssteller bzw. der Antragsstellerin zugelassen gewesen sein, vom Zeitpunkt der Verschrottung ausgehend.[16]

Die Förderung bezieht sich auf den Kauf eines Fahrzeuges, genauer gesagt eines PKWs, der mindestens die Schadstoffemissionen der Euro 4 Klasse[17] erfüllen. Gleichzeitig muss der PKW im Inland auf denjenigen oder diejenige Antragsteller bzw. Antragsstellerin zugelassen werden. Der Kauf des PKW muss in einem bestimmten Zeitraum erfolgen(14.01.2009 – 31.12.2009), die Zulassung kann bis zum 30.06.2010 durchgeführt werden.[18]
Das Fahrzeug muss außerdem neu zugelassen werden oder es handelt sich um einen sogenannten „Jahreswagen".[19]

Die Höhe der Prämie ist auf 2.500 € festgelegt und darf pro neu erworbenem PKW und dem verschrotteten alten PKW nur einmal gezahlt werden.[20]
Die Antragstellung und das Verfahren änderte sich vom schriftlichen Verfahren zum elektronischen Verfahren über ein Online Portal des Bundesamts für Wirtschaft und Ausfuhrkontrolle konnten ab 30. März 2009 Anträge gestellt werden. [21]

---

[14] Richtlinie zur Förderung des Absatzes von Personenkraftwagen vom 20.02.2009 1.1.
[15] Richtlinie zur Förderung des Absatzes von Personenkraftwagen vom 20.02.2009 4.1.
[16] Richtlinie zur Förderung des Absatzes von Personenkraftwagen vom 20.02.2009 4.2.
[17] Richtlinie 98/69/EG – Stufe B
[18] Richtlinie zur Förderung des Absatzes von Personenkraftwagen vom 20.02.2009 4.3.
[19] Ein Jahreswagen darf „längstens 14 Monate einmalig auf einen Kfz-Hersteller, dessen Vertriebsorganisationen oder dessen Werksangehörigen, einen Kfz-Händler, eine herstellereigene Autobank, ein Automobilvermietungsunternehmen oder eine Automobilleasinggesellschaft zugelassen gewesen sein."
[20] Richtlinie zur Förderung des Absatzes von Personenkraftwagen vom 20.02.2009 5.
[21] Richtlinie zur Förderung des Absatzes von Personenkraftwagen vom 20.02.2009 6.2.

Die Zuteilung der Prämie wurde abhängig von dem Eingang der Antragsformulare gemacht, hier wurde die zeitliche Reihenfolge für ausschlaggebend erklärt.

Für die Prämie wurde ein Gesamtetat von rund 5 Milliarden Euro verbraucht, davon ein Verwaltungsaufwand in Höhe von etwa 14 Millionen Euro.[22]

4. Auswirkungen der „Abwrackprämie" auf die Umsatzzahlen der Automobilindustrie und auf den Umwelteffekt der Prämie

Die Folgen der „Abwrackprämie" waren für viele sehr leicht zu erkennen. Viele ältere Fahrzeuge sind von der Straße verschwunden und neue umweltfreundlichere Fahrzeuge tauchten immer mehr auf.

Das Ziel, die rückläufigen Pkw-Käufe zu stoppen ist vorerst gelungen. Im Juli 2009 sind die Neuzulassungen stark angestiegen, es wurden 340.000 Pkw mehr zugelassen als im Juli 2008, dies entsprach einer Steigerung von 30 Prozent.

Bis Ende August 2009 gingen 1,95 Millionen Anträge auf die Umweltprämie beim ausführenden Bundesamt BAFA ein.[23]

4.1. Kurzzeitfolgen der „Abwrackprämie" auf die Umsatzzahlen der Automobilindustrie und auf den Umwelteffekt der Prämie

Für eine Betrachtung der Kurzzeitfolgen spielen die Pkw-Neuzulassungen eine wichtige Rolle, eine genaue Betrachtung fällt schwierig, da keine genaue Statistik erfasst wurde, welche Art von Neufahrzeug sich die Verbraucher nach Zuspruch der Abwrackprämie zu legten. Es wurden alle Neuzulassungen erfasst und nicht nur die unmittelbar mit der Prämie zusammenhängenden Neuzulassungen. [24]

Im Vergleich der Pkw-Neuzulassungen zwischen Januar Juli 2008 und Januar – Juli 2009 lässt sich 2009 einen Anstieg um circa 800.000 Pkw erkennen. Besonders Minis, Kleinwagen und Wagen der Kompaktklasse konnten ein starkes Wachstum verzeichnen.

Zudem lässt sich eine Verschiebung der Anteile der Fahrzeugsegmente beobachten, im Jahr 2009 wurden Fahrzeugmarken, die von gewerblichen Haltern gekauft wurden, kaum erreicht durch die Prämie. Die größten Rückgänge der Neuzulassungen sind deshalb bei den

---

[22] BMU Abwrackprämie und Umwelt – eine erste Bilanz 31.08.2009
[23] BMU Abwrackprämie und Umwelt – eine erste Bilanz 31.08.2009
[24] BMU Abwrackprämie und Umwelt – eine erste Bilanz 31.08.2009 S.4

Herstellern von Pkw der Oberklasse zu verzeichnen. In der Reihenfolge der beliebtesten Hersteller hat sich jedoch wenig verschoben[25]

Das Durchschnittsalter der Fahrzeuge, die abgewrackt wurden lag bei 14,4 Jahren und lag somit fast auf dem Niveau der letzten Jahre.[26] Zu den Umwelteigenschaften der verschrotteten Pkw lässt sich sagen, dass sie die älteren Fahrzeuge aufgrund ihres Baujahres weniger Abgas- und Lärmvorschriften zu beachten hatten. Der Schadstoffaustoss dieser alten Fahrzeuge war um ein vielfaches höher als der neu zugelassenen Fahrzeuge[27]

Der Rückgang der Schadstoffe war sehr hoch, da die neuen Fahrzeuge häufig mit spezieller Technik ausgestattet waren, besaßen sie natürlich einen klaren Vorteil gegenüber den älteren Fahrzeugen. Durch einen direkten Austausch des alten Fahrzeuges gegen eines mit neuerer Technik wurde der Effekt nochmals erhöht.

Neuere kraftstoffeffizientere Motoren kommen mit weniger Treibstoff über längere Strecken aus und reduzieren die CO_2 – Emissionen im Vergleich mit einem älteren Fahrzeug. Eine Aussage über die durchschnittlichen CO_2 – Emissionen der Pkw lässt sich schwer sagen, da nur nach einem bestimmten Testverfahren ermittelte CO_2 – Emissionen der Neuwagen beachtet wurden. Zwischen 2006 und 2008 konnte man einen Zulassungsrückgang in dem Bereich der hohen CO_2 Emissionsklassen beobachten. 2008 lag die durchschnittliche CO_2 – Emission bei 166 g/km.

Im Allgemeinen lässt sich sagen, dass mit den neuen Pkw weniger Kraftstoff benötigt wird und weniger Kohlendioxid emittiert wird, als mit den alten Wagen. Im Schnitt sind dies im Verbrauch 1,7 l Benzin/100km bzw. 1,5 l Diesel/100 km weniger als der Durchschnitt vor der Abwrackprämie noch hatte.

Ein weiterer Erfolg ist bei den Lärmemissionen zu erkennen, die neuen Fahrzeuge sind leiser als die abgewrackten Altfahrzeuge.[28]

---

[25] BMU Abwrackprämie und Umwelt – eine erste Bilanz 31.08.2009 S.5
[26] BMU Abwrackprämie und Umwelt – eine erste Bilanz 31.08.2009 S.3
[27] BMU Abwrackprämie und Umwelt – eine erste Bilanz 31.08.2009 S.3
[28] VDA – Jahresbericht 2009

4.2. Langzeitfolgen der Abwrackprämie auf die Umsatzzahlen der Automobilindustrie und auf den Umwelteffekt der Prämie

Die „Abwrackprämie" pufferte den starken Umsatzrückgang ab und sorgte zwar 2010 für Minus an Neuzulassungen, dennoch stabilisierte sich der globale Automobilmarkt und konnte Verluste abfedern. Im Jahr 2011 stieg dann auch die Anzahl der Neuzulassungen in Deutschland wieder an.[29]

Einige Wirtschaftsexperten verurteilten die Abwrackprämie als „Strohfeuer" und stellen besonders die Nachhaltigkeit der Prämie in Frage. Der Absatz an Wagen konnte zwar gesteigert werden, jedoch blieb dann durch einen vorgezogenen Autokauf in vielen Privathaushalten das Geld aus.

Zudem wird der Nutzen für deutsche Hersteller in Frage gestellt, da die deutsche Automobilbranche eher im oberen Autosegment stark ist und das Kleinwagengeschäft überwiegend von auswärtigen Herstellern genutzt wird.

Durch die ganzen Rabatte, die Autokäufer erhielten, mussten sie stellenweise nur bis zu 80 Prozent des Listenpreises bezahlen. Dieses Denken könnte sich in den Köpfen der Verbraucher festsetzen und im Nachhinein schädigend auf das Preisniveau auf dem Markt wirken.[30]

Ein Aspekt der Nachhaltigkeit bezüglich der Umweltprämie wird häufig vernachlässigt, der geschaffene Anreiz ein älteres Fahrzeug abzuwracken obwohl es noch funktioniert. Hierdurch ergeben sich, wie schon in 4.1. erwähnt, bessere Emissionswerte. Die sogenannte „ökologische Restschuld" ist mit den neuen Fahrzeugen in weniger als einem Jahr auszugleichen.[31]

---

[29] Kraftfahrtbundesamt – Neuzulassungen Statistik 1955 - 2011
[30] Wrede, Insa /Jennifer Giwi : Abrechnung mit der Abwrackprämie. DW (2009)
[31] BMU Abwrackprämie und Umwelt – eine erste Bilanz 31.08.2009 S.13

5. Fazit

Die „Abwrackprämie" hat für viel Wirbel auf dem deutschen Automobilmarkt gesorgt. Viele neue Fahrzeuge wurden auf den Straßen zugelassen und viele alte wurden entsorgt.

Dem Rückgang der Neuzulassungen wurde mit der „Abwrackprämie" kurzfristig erfolgreich entgegen gewirkt. Der Grund dieser Rückgänge war schon länger vorhersehbar: Gestiegene Betriebskosten für Autofahrer oder auch das „immer älter werden" der Fahrzeuge verursachte einen Rückgang der Absatzzahlen.

Dazu kamen verschiedene Probleme, die den Absatz nicht förderten, eher negativ beeinflussten.

Die „Abwrackprämie" sollte hauptsächlich zwei Dinge hervorrufen: Nachfrage nach Pkw herstellen und den Einsatz umweltschonender Pkw auf den Straßen fördern.

Die Krise 2008 konnte meiner Meinung nach nur mit einer nachfrageorientierten Wirtschaftspolitik gelöst werden.

Die „Abwrackprämie" hat jedoch die Probleme nur ins Jahr 2010 verlagert, die damaligen Absatzprobleme konnten nur bewältigt werden durch einen stark florierenden Exportmarkt.

Die großen Automobilhersteller konnten im Jahr 2010 die Kurzarbeit wieder zurückfahren und die Werke wieder voll in Betrieb nehmen. Der Gebrauchtwagenmarkt ist eingebrochen, viele Verbraucher haben sich lieber einen Neuwagen anstatt einem Gebrauchtwagen zugelegt.

Freie Werkstätten und Gebrauchtwagenhändler verbuchten einen Kundenrückgang, da viele Neuwagen entsprechende Garantien boten und gebrauchte Pkw, wie schon erwähnt, kaum in Frage kamen.

Die viel mehr verkauften Kleinwagen kamen meist von ausländischen und nicht von deutschen Herstellern. Das veranschlagte Budget in Höhe von 5 Mrd. hätte meiner Meinung nach besser investiert werden können. Mit der „Abwrackprämie" wurde ein Markt nur kurzfristig und sehr breit gefächert angesprochen, mit dem festgelegten Budget hätte man Autos der Zukunft fördern sollen und den Autofahrern einen Kauf eines Elektroautos erleichtern.

Die Entscheidung, ob die „Abwrackprämie" eingeführt wird, war letztlich auch eine Lobbyisten-Entscheidung. Die Automobilindustrie hat sich vehement gegen eine Stagnation des Wachstums gewehrt und beim Staat den „Arbeitsplätze"-Joker clever ausgespielt. Die Regierung wurde in ihrem Tun sehr beeinflusst und konnte deshalb eine Entscheidung nicht mehr ablehnen.

Literaturverzeichnis

- o.A. : GfdS – Wort des Jahres 2009 (18.12.2009)
  http://www.gfds.de/presse/pressemitteilungen/181209-wort-des-jahres-2009/
  Zugriff: 19.02.2012

- Kühl, Jürgen : BPB – Arbeitsmarktpolitische Reaktionen auf die Banken- und
  Finanzkrise (31.12.2011)
  http://www.bpb.de/themen/ET8ZOQ,0,0,Arbeitsmarktpolitische_Reaktionen_auf
  _die_Banken_und_Finanzkrise.html
  Zugriff: 19.02.2012

- o.A. : Kraftfahrtbundesamt – Neuzulassungen von Kraftfahrzeugen und
  Kraftfahrzeuganhängern in den Jahren 1955 bis 2011 nach Fahrzeugklassen (Januar
  2012) Wiesbaden
  http://www.kba.de/nn_277816/DE/Statistik/Fahrzeuge/Neuzulassungen/Fahrz
  eugklassenAufbauarten/n__fzkl__zeitreihe.html
  Abruf: 19.02.2012

- o.A. : Verband der Automobilindustrie – Jahresbericht 2009 (02.07.2009)
  als .pdf Datei im Netz verfügbar
  http://www.vda.de/de/publikationen/jahresberichte/index.html
  Abruf: 19.02.2012

- o.A. : ADAC – Entwicklung Kraftstoffdurchschnittspreise (19.02.2012)
  http://www.adac.de/infotestrat/tanken-kraftstoffe-und-
  antrieb/kraftstoffpreise/kraftstoff-durchschnittspreise/default.aspx
  Abruf: 19.02.2012

- o.A. : Statistisches Bundesamt – Preise auf einem Blick (2011)
  https://www.destatis.de/jetspeed/portal/cms/Sites/destatis/Internet/DE/Cont
  ent/Publikationen/Fachveroeffentlichungen/Preise/Verbraucherpreise/PreiseA
  ufEinenBlick0170005107004,property=file.pdf
  Abruf: 19.02.2012

- o.A. : Verband der Automobilindustrie – Jahresbericht 2008 (02.07.2008)
  als .pdf Datei im Netz verfügbar
  http://www.vda.de/de/publikationen/jahresberichte/index.html
  Abruf: 25.02.2012

- ifeu – Institut für Energie- und Umweltforschung Heidelberg : BMU – Bericht
  Abwrackprämie (31.08.2009)
  http://www.bmu.de/files/pdfs/allgemein/application/pdf/ifeu_abwrackpraemi
  e_bf.pdf
  Abruf: 09.01.2012

- o.A. : Richtlinie zur Förderung des Absatzes von Personenkraftwagen (26.06.2009)
  Berlin
  http://www.bafa.de/bafa/de/wirtschaftsfoerderung/umweltpraemie/dokument
  e/foederrichtlinie_umweltpraemie.pdf

Abruf: 19.02.2012

- Wrede, Insa /Giwi, Jennifer : Abrechnung mit der Abwrackprämie, DW (02.09.2009)
http://www.dw.de/dw/article/0,,4602838,00.html
Abruf: (08.03.2012)